MANUEL NETO DOS SANTOS

KÁLIMMA

©Copyright: Manuel Neto Dos Santos
©Copyright: De la presente Edición, Año 2019 WANCEULEN EDITORIAL

Título: KÁLIMMA
Autor: MANUEL NETO DOS SANTOS
Edición bilingüe.
Traducción y prólogo: SALVADOR GARCÍA RAMÍREZ

Editorial: WANCEULEN EDITORIAL
Sello Editorial: WANCEULEN POÉTICA

ISBN Papel: 978-84-9823-980-5
ISBN Ebook: 978-84-981-2

Impreso en España. 2019.
WANCEULEN S.L.C/ Cristo del Desamparo y Abandono, 56 - 41006 Sevilla
Webs: www.wanceuleneditorial.com y www.wanceulen.com
Email: info@wanceuleneditorial.com

Reservados todos los derechos. Queda prohibido reproducir, almacenar en sistemas de recuperación de la información y transmitir parte alguna de esta publicación, cualquiera que sea el medio empleado (electrónico, mecánico, fotocopia, impresión, grabación, etc.), sin el permiso de los titulares de los derechos de propiedad intelectual. Cualquier forma de reproducción, distribución, comunicación pública o transformación de esta obra solo puede ser realizada con la autorización de sus titulares, salvo excepción prevista por la ley. Diríjase a CEDRO (Centro Español de Derechos Reprográficos, www.cedro.org) si necesita fotocopiar o escanear algún fragmento de esta obra.

PREFACIO

KÁLIMMA es una nueva entrega en la amplia y dilatada trayectoria poética de Manuel Neto dos Santos, poemario que ahora se publica en edición bilingüe, portugués y español.

El libro está estructurado en dos partes: la primera, *Coloratura para García Lorca*, nos ofrece un total de treinta poemas en prosa; la segunda, *Kylix*, se subdivide a su vez en otras dos, *Raquel, ou o cântico da duna mulher*, compuesta por diez poemas y, *O nada como metáfora*, que reúne un conjunto de once poemas.

A pesar de la diversidad entre las distintas partes del poemario, todo él está trascendido por ese estilo personal de abordar lo poético para Neto dos Santos. Es la suya una poesía de naturaleza. Las imágenes de sus versos se ven, una y otra vez, iluminadas por el interior o la costa de ese Algarve en el que reside y que sutilmente reivindica como tierra provisoria para conseguir una plenitud personal de la que la literatura no es solo un camino, sino también la espoleta que dispara una nueva visión de nuestro entorno.

Desde una perspectiva de soledad, el poeta se desparrama por los caminos del paisaje, sendas en las que se descubre, senderos en los que se ve reflejado, lugares con los que se identifica y se nutre. Desde esta *"bendita soledad"*, como diría Antonio Machado, el poeta añora el pasado al mismo tiempo que reconstruye *"las ruinas doradas"* de lo que ya ha sido y tan solo le queda el resplandor que avivan los versos. Como consecuencia, su alma permanece muchas veces en otro lugar y en otro tiempo, envejecida por la *"saudade"*. *"Mis cicatrices son escombros para que mi cuerpo pese sobre el suelo"*, nos dirá en uno de sus versos más elocuentes y clarificadores. El único sustento son las palabras: *"Un poeta sin palabras no es nada"*.

Neto dos Santos, fiel a su trayectoria, utiliza en Kálimma una sintaxis variada y desbordante con la que intenta sorprendernos a cada paso. En esa variedad se reinventa como si tuviese siempre vivo el propósito de huir de monotonía y de los lugares comunes.

Es este un poemario al que se llega a través de los sentidos. Las sensaciones dominan cada una de sus partes, de los recuerdos que en él se evocan y resucitan. No estamos ante un poemario de hondas abstracciones o profundos pensamientos; sin que esto signifique que estemos ante unos versos carentes de profundidad, si no al contrario, sus poemas ahondan en las raíces de todo aquello que rezuma en nuestros poros con la contundencia y el abismo de la vida, esa vida que se impone en un presente que inaplazablemente nos lleva a recordar el pasado en el mismo escenario pero en variadas circunstancias. La contemplación, no siempre prolongada, no siempre pretendida, hace uno a la naturaleza y al yo poético.

Tras su lectura, el hilo conductor nos puede aparecer algo difuso en sus partes y subdivisiones. Los tópicos varían e incluso las formas se adaptan a cada uno de sus apartados. Permanece, no obstante, el denominador común del deslumbramiento por lo que se contempla y ha vivido. En sus versos resalta una búsqueda de totalidad, de simultaneidad, como si vivir lo inundase todo y produjese un himno coral del que poeta va dando cuenta en cada uno de sus apuntes con arrebatada emoción.

En un escenario esplendoroso, los tópicos de la poesía de siempre se reafirman en cada una de sus partes: el amor, el desamor, la soledad. Tan solo se conjugan los verbos en presente y en pasado. El futuro aún no tiene una importancia que vaya más allá de lo que significa revivir, reinventar, recrearse en lo que ya ha sido.

En línea con sus libros anteriores, como un eco permanente que lo va definiendo y perfilando en su prolífica obra, en la poesía de Manuel Neto dos Santos prevalecen los recursos que, como la repetición o las exclamaciones, hacen de ella una poesía para la oratoria, para la oralidad, para ser declamada desde *"este mirador en la atalaya"*, en donde enciende *"las lamparitas de las palabras para que pueda vislumbrar la costa del Algarve, al fondo"*. En muchos de sus poemas, podríamos encontrar estrofas que parecen estar escritas para ser principalmente declamadas, interpretadas incluso.

La riqueza de las imágenes que recorren las páginas de la obra de Neto dos Santos, otra de sus características más definitorias, a mi entender, se concreta aquí en alguna imagen poderosa que merece resaltarse. Es el caso de la simbología de la sangre, al mismo tiempo creadora de vida y anunciadora de pérdida o de muerte. En otra perspectiva, merece ser resaltada también la imagen del mar, ese mar lleno de costa y espuma, a veces, y otras lleno de vegetación y naturaleza en las faldas de la Serra de Monchique.

En definitiva, sobre el núcleo central, aunque no preferente, de la evocación de un amor perdido en cuyo recuerdo se deleita, en Kálimma estamos ante un poemario lleno de frescura, lleno de sensaciones. Su deslumbramiento es tan omnipresente que, en muchos casos, ha de contenerse ante la "saudade" por la pérdida. A pesar del dolor, del abandono, por sus rendijas se infiltra irresistible el optimismo de habitar los escenarios que tanto nos seducen por ser, como parecen, la mejor simulación del paraíso.

Salvador García Ramírez
Baeza, marzo de 2019

PREFÁCIO

KÁLIMMA é uma nova entrega da ampla e extensa trajectória poética de Manuel Neto dos Santos, uma colecção de poemas que agora se publica em edição bilingue, Português e Espanhol. O livro está estruturado em duas partes: a primeira, *Coloratura para García Lorca*, oferece um total de trinta poemas em prosa; o segundo, *Kylix*, é subdividido em dois outros, *Raquel, ou o cântico da duna mulher*, composto de dez poemas e, *O nada como metáfora*, que reúne um conjunto de onze poemas.

Apesar da diversidade entre as diferentes partes do livro de poemas, todo ele se transcende por este estilo pessoal de abordar o poético para Neto dos Santos. é sua uma poesia da natureza. As imagens dos seus versos vêm, uma e outra vez, iluminadas pelo interior ou pela costa daquele Algarve em que ele reside e subtilmente reivindica como terra provisória para atingir uma plenitude pessoal de que a literatura não é apenas um caminho, mas também a espoleta que dispara uma nova visão do nosso redor.

A partir de uma perspectiva da saudade, o poeta desdobra-se pelos caminhos da paisagem, veredas nas quais se descobre, atalhos nos quais se vê reflectido, lugares com os quais ele se identifica e de que se alimenta. A partir desta "*abençoada solidão*", como diria António Machado, o poeta anseia pelo passado enquanto reconstrói "*as ruínas de ouro*" do que já foi e só tem a radiância que os versos animam. Como consequência, a sua alma fica muitas vezes por noutro lugar e noutro tempo, envelhecida pela "*saudade*". "Minhas cicatrizes são escombros para que o meu corpo pese sobre o chão", dir-nos-á num dos seus mais eloquentes e esclarecedores versos. O único sustento são as palavras: "*Um poeta sem palavras não é nada*".

Neto dos Santos, fiel à sua trajectória, utiliza em Kálimma uma sintaxe variada e transbordante com a qual procura surpreender-nos a cada passo. Nessa variedade, reinventa-se como se estivesse sempre viva a intenção para fugir da monotonia e dos lugares-comuns.

Eis um conjunto de poemas que alcançamos através dos sentidos. As sensações dominam cada uma de suas partes, as memórias em que nele são evocadas e ressuscitadas. Não estamos perante de uma antologia de abstracções ou pensamentos profundos; sem que isto signifique que estejamos diante de versos desprovidos de profundidade, pelo contrário, os seus poemas aprofundam-se nas raízes de tudo o que escoa em nossos poros com a força e o abismo da vida, essa vida que prevalece num presente que inevitavelmente nos leva a lembrar o passado no mesmo cenário, mas em distintas circunstâncias. A contemplação, nem sempre prolongada, nem sempre intencional, funde-se com a natureza e o eu poético.

Após a leitura, o fio condutor pode parecer um pouco difuso nas suas partes e subdivisões. Os tópicos variam e até as formas se adaptam a cada uma de suas secções. No entanto, o denominador comum do deslumbramento pelo que é contemplado e foi vivido. Nos seus versos destaca-se uma busca pela totalidade, a simultaneidade, como se viver o inundasse todo e produzisse um hino coral do qual o poeta vai dando conta em cada um dos seus rascunhos com uma arrebatada emoção.

Num cenário de esplendor, os tópicos da poesia de sempre reafirmam em cada uma de suas partes: o amor, a falta de amor, a solidão. Os verbos são conjugados apenas no presente e no passado. O futuro ainda não tem uma importância que vá mais além do que significa reviver, reinventar, recriar-se no que já foi.

Em consonância com seus livros anteriores, como um eco permanente que vai definindo e perfilando na sua obra prolífera, na poesia de Manuel Neto dos Santos prevalecem os recursos que, como a repetição ou as exclamações, fazem dela uma poesia visando a oratória , ou a oralidade, para ser declamada "*deste mirante de atalaia*", onde acende "*as pequenas lamparinas de palavras para que possa vislumbrar a costa algarvia, ao fundo*". Em muitos dos seus poemas, pudemos encontrar estrofes que parecem ter sido escritas para serem declamadas, até mesmo interpretadas.

A riqueza das imagens que percorrem as páginas da obra de Neto dos Santos, outra de suas características mais marcantes, na minha opinião, concretiza-se aqui em alguma imagem poderosa que merece destaque. Este é o caso do simbolismo do sangue, ao mesmo tempo criativo da vida e anunciador da perda ou da morte. Em outra perspectiva, merece destaque também a imagem do mar, esse mar cheio de costa e espuma, às vezes, e outras repletos de vegetação e natureza no sopé da Serra de Monchique.

Em suma, no núcleo central, embora não preferido, da evocação de um amor perdido em cuja memória se deleita, em Kálimma estamos diante de uma compilação de poemas cheios de frescura, cheios de sensações. O seu olhar é tão omnipresente que, em muitos casos, ele tem que se conter perante a "saudade" pela perda. Apesar da dor, o abandono, pelas suas fendas infiltra-se irresistível o optimismo de habitar os cenário que tanto nos seduzem por ser, como parecem, a melhor simulação do paraíso.

Salvador García Ramírez
Baeza, março de 2019

I

COLORATURA PARA GARCÍA LORCA

Cuaderno de poemas

en

Soledad Mayor

Messines,
23 / 30 Outubro 2016

Para
O querido Amigo, Tradutor e Poeta
Pedro Sánchez Sanz,
Na fraternidade das palavras

1

Mi alma tiene el nerviosismo de una gacela en un prado desconocido.

A minha alma tem o nervosismo de uma gazela
num prado desconhecido

2

Por la noche, en pleno silencio, escucho la sinfonía de mi sangre y el hormiguero constante en los oídos. He aquí la expresión de la más perfecta añoranza.

Durante a noite, em pleno silêncio, escuto a sinfonia do meu sangue e o formigueiro constante nos ouvidos; eis a expressão máxima da mais perfeita saudade.

3

Vivir, como yo vivo, es tener insomnio en todos mis sentidos.

Viver, como eu vivo, é ter insónia em todos os sentidos.

4

De tal manera me esparcí que nada me puede llenar, soy altivo como el cielo y profundo como el mar.

De modo tal me espraiei que nada me pode fazer transbordar, sou altivo como o céu e profundo como o mar.

5

Ya no soy dueño de mí; son las palabras que me expulsan del sueño y me ordenan que escriba, como si fuese un esclavo.

Já não sou dono de mim; são as palavras que me desterram do sono e me ordenam que escreva, como se fosse um escravo.

6

Poco a poco, regresa a la vereda el polvo levantado por el caminar apresurado de las ovejas, como en mi coraçón se refugia el recuerdo de ti, venido de la más pura y poética volontad.

Poco a poco, regresa a mí la consciencia de esa distante y tierna edad.

Aos poucos, regressa à vereda o pó levantado pelo caminhar apressado das ovelhas, como no meu coração se acolhe a lembrança de ti, vindo da mais pura e poética vontade.

Aos poucos, regressa a mim a consciência dessa distante e tenra idade.

7

Sin darme cuenta, por haberme hecho acompañar de tu sonrisa hasta el umbral del primer nivel del viaje; el sello secreto de la vieja profecía me volvió triste y melancólico. Es así como soy, transciendo el tiempo y el espacio para hacer, de mi simple nombre un hombre de poesía.

Sem me dar conta, por me ter feito acompanhar do teu sorriso até ao umbral do primeiro nível da viagem; o selo secreto da velha professia tornou-me triste e melancólico. Eis como sou, eu transcendendo o tempo e o espaço para fazer, do meu simples nome um homem de poesia.

8

Un aliento de verdad, hermoso e inquietante, traduce mi tiempo y mi sentir. Pongo la madurez de mi poesía más altiva, como si fuera una bandera roja esperando la caminada hasta el fondo de todo lo que me es permitido conocer, para que me devuelva la profundidad del silencio.

Un aliento de verdad se refugia en mi pecho más disperso y desordenado que las nubes invadiendo el cielo al caer de la tarde, mientras el fantasma de la muerte perturba las hojas saturadas de otoño.

Un aliento de verdad, viene a ofrecerme el umbral de la noche recién llegada y yo, como poeta que soy, habito la trascendencia y consigo celebrar mi lucidez desatando, de mis brazos, las imágenes que sustentan el instinto.

Um alento de verdade, formoso e inquietante, traduz o meu tempo e a minha forma de sentir. Ponho a madurez da minha poesia mais altiva como se fosse uma bandeira vermelha aguardando a caminhada até ao fundo de tudo o que me é dado conhecer, para que me devolva a profundidade do silêncio.

Um alento de verdade arrecada-se no meu peito bem mais disperso e desordenado que as nuvens invadindo o céu ao desfalecer da tarde, enquanto o fantasma da morte perturba as folhas saturadas de Outono.

Um alento de verdade, vem oferecer-me o pórtico da noite recém-chegada e eu, poeta que o sou, habito a transcendência e consigo celebrar a minha lucidez desatando, dos meus braços, as imagens que sustentam o instinto.

9

Déjame andar por los caminos; hermanado con el rocío y la luna, como si mis ojos fueram ventanas y mis manos sábanas bordadas, por donde los sueños se niegan a sí mismos.

Háblame del trigo y de los colores puros e intactos, pues nunca dejé de caminar hacia la vida, visto que la vida es ya la muerte que, todavía, está durmiendo.

Deixa-me andar pelos caminhos; irmanado do orvalho e da lua, como se os meus olhos fossem janelas e as minhas mãos lençóis bordados, por onde os sonhos se negam a si mesmos.

Fala-me do trigo e das cores puras e intactas pois nunca deixei de caminhar em direcção à vida, visto que a vida já é a morte que, ainda, está dormindo.

10

-¿Quién eres tú?

-Yo, no he sido otra cosa que un vasto jardín alardeando de mís árboles, de mís colores y de mis alfombras umbrías. Soy lirio azul, narciso de los poetas, nenúfar y violeta, como recuerdo de mis labios teñidos en tus besos... poniendo un amor extremo en nuestras carnes ligeras y fantasmas en mi corazón.

-¿Quién eres tú?

-Yo, soy la juventud, el divino tesoro de mis duelos y aflicciones hechos de noche y de llanto... pero también de la más sensible ternura contando fantasmas de mi ser.

En vano, mi sed de amor no tiene fin... Como la gloria insospechada del florecer de los rosales, como poesía en mi jardín.

-Quem és tu?

-Eu, não tenho sido outra coisa que um vasto jardim fazendo alarde das minhas árvores, das minhas cores e das minhas sombrias alfombras. Sou lírio azulado, narciso dos poetas, nenúfar e violeta, como memória dos meus lábios tingidos dos teus beijos...pondo um extremo amor nas nossas carnes escorreitas e fantasmas no meu coração.

-Quem és tu?

-Eu, sou a juventude, o divino tesouro dos meus duelos e aflições feitos de noite e de pranto... mas também da mais sensível ternura contando espectros do meu ser.

Em vão, a minha sede de amor não tem fim...como a glória insuspeita do desabrochar dos roseirais, como poesia, no meu jardim.

11

Como retazos de nubes pardas, así es el campo ondulado al fondo de la tarde.

Mi voz sensible es hermana de Botto, Lorca y Cernuda, para que en los chopos lejanos, en los caminos, se oculten los viajeros del sueño, dado que los poetas buscan, todavía, su voz.

Como retazos de nubes pardas, mis poemas se inclinan hacia la tierra para que un cuerpo dorado grabe las iniciales de mi nombre sobre el aire...

El campo sueña; mi sueño es verde claro y mi palabra está llena de esperanza;

Vivir es una anáfora sublime y atroz.

Como retalhos de nuvens pardas, assim é o campo ondulado ao fundo da tarde. A minha voz sensível é irmão de Botto, Lorca e Cernuda, para que nos choupos à distância, nos caminhos, se escondam os viandantes do sonho, dado que os poetas buscam, ainda, a sua voz.

Como retalhos de nuvens pardas, os meus poemas debruçam-se para a terra para que um vulto dourado grave as iniciais do meu nome sobre o ar...o campo sonha; o meu sono é verde-claro e a minha palavra cheia de esperança; viver é uma anáfora sublime e atroz.

12

El sol, hecho ternura de rayo amanecido, la soñolienta montaña y los siglos de raíz dentro de este minuto...

En mi alma, la fatal avidez del destino de todo lo que anhelo ser...

Un sol, hecho ternura, con la fuerza de la sonoridad más persistente... mi alma tiene la penumbra de la costumbre, mis versos, como mañana perfecta, la completa claridad.

O sol, feito ternura de um raio amanhecido, a ensonada montanha e os séculos de raiz dentro deste minuto.

Na minha alma, a avidez fatal do destino de tudo o que almejo vir a ser...

O sol, feito ternura, com a força da mais tenaz sonoridade...a minha alma tem a penumbra do costume, os meus versos, como perfeita manhã, a completa claridade.

13

El tiempo, por mis versos, se hace eterno. Aplomo la etérea realidad del sonido y circundo el olvido con la dádiva de la poesía. ¿Mis ojos? Son un vergel, pues nadie detiene sus estrofas de agua.

El tiempo, que mueve la luna, pasa largas horas creciendo en su afán… ¿Mis ojos? lloran la tierra que ocupan, y los rastrojos de mí mismo delante de los arrullos de la noche.

El tiempo, por mis versos, se hace dolor contra un espejo y contra un espejo vienen a hablar de mi alma pero, como las hojas de otoño, cambian la tristeza y las sombras, pues así creemos como poetas que es el tiempo nuestro canto desnudo, antes de morir.

O tempo, pelos meus versos, faz-se eterno. Aprumo a etérea realidade do som e rodeio o esquecimento com a dádiva da poesia. Os meus olhos? São um vergel, pois ninguém detém as suas estrofes de água.

O tempo, que faz mover a lua, passa longas horas crescendo em afã...Os meus olhos? Choram a terra que ocupam, e os restolhos de mim mesmo diante dos arrulhos da noite.

O tempo, pelos meus versos, faz-se dor contra um espelho e contra um espelho vêm falar da minha alma mas, tal como as folhas de Outono, mudam a tristeza e as sombras, por assim acreditarmos como poetas que é o tempo o nosso canto despido, antes de morrer.

14

Tengo, en mi pecho, la balada del tiempo perdido. Yo sé que la sombra pertenece a la luz y que los sueños son el sencillo movimiento del péndulo contra una pared de vidrio.

Con la misma rabia con que los perros atacan al mendigo, así es la poesía.

A menudo, camino solitario cuando escribo; esta es la hora en que los rebaños de palabras siguen las huellas de mis pasos. Escribir es anularme en mi hambre y en mi sed delante de la vida, cuando deambulo por el verde y oloroso prado.

Mi alma tiene música envejecida y recuerdos de doradas ruinas.

Mi vida... Déjame adivinar tu cuerpo y diré que te amo de una manera furtiva, como una corriente de aire apagando las velas de un candelabro de bronce.

Tenho, no meu peito a balada do tempo perdido. Sei que a sombra pertence à luz e que os sonhos são o movimento singelo do pêndulo contra uma parede de vidro. Com a mesma raiva com que os cães atacam um pedinte, assim é a poesia. Amiúde, caminho solitário quando escrevo; esta é a hora em que os rebanhos de palavras seguem as marcas dos meus passos. Escrever é anular-me na minha fome e na minha sede perante a vida, quando deambulo pelo verde prado perfumado. A minha alma tem música envelhecida e memórias de ruínas douradas. A minha vida... Deixa-me adivinhar o teu corpo e dir-te-ei que te amo furtivamente, como uma corrente de ar apagando as velas de candelabro de bronze.

15

Sé que "un herido puede seguir viviendo" pero un poeta sin sueño, eso no.

Mis cicatrizes son escombros para que mi cuerpo pese sobre el suelo y la fuerza enloquecida del desaliento me deposite en medio del vacío y yo me pueda poseer como el cuerpo de la tierra.

Sé que "un herido puede seguir viviendo" pero un poeta sin palabras... no es nada.; sin las tardes de azul, ni el nimbo de los pájaros nadie existe, pues el poema es el reencuentro con su propia esencia.

Soy un herido de mi guerra personal cuando escribo y me muero y continúo viviendo.

Sei que "um ferido pode continuar vivendo" mas um poeta sem sonhos, isso não. As minhas cicatrizes são escombros para que o meu corpo pese sobre a terra e a força enlouquecida do desalento me deposite a metade do vazio e eu me possa possuir como o corpo da gleba. Sei que" um ferido pode continuar vivendo" mas um poeta sem palavras... não é nada. Sem as tardes de azul nem o limbos dos pássaros não existe ninguém pois que o poema é o reencontro com a sua própria essência.

Sou "ferido" da guerra de mim mesmo quando escrevo e morro e continuo vivendo.

16

La casa apuntalada de mis versos, entretejida en el jardín, no tiene las curvas amorosas del tacto sino las líneas rectas de paredes como espejos.

He aquí mi exilio más amado pues mi carne edifica sus ruinas para la eternidad y mis sueños regresan de su viaje por lo oscuro que al final me dice dónde habitan los años que me inventan, el estridente desespero de mi danza sibilina, por morada.

La casa apuntalada de mis versos... No soy yo, pero un otro, y un otro más, desgreñado, cantando mi semi-verdad, tan reverdecida.

A casa escorada dos meus versos, entrelaçada no jardim, não tem as curvas amorosas do tacto mas as linhas rectas das paredes, como espelhos. Eis aqui o meu exílio mais amado pois que a minha carne edifica a suas ruínas para a eternidade os meus sonhos regressam da sua viagem pelo escuro que ao fundo me diz onde habitam os anos que me inventam o estridente desespero da minha dança sibilina, por morada. A casa escorada dos meus versos...Não sou eu mas um outro e um outro mais, desgrenhado, cantando a minha semi-verdade, tão esverdeada.

17

Eres mi única hermana de olvido y de abandono...tú, la voz que clamó por mi libertad; tierna como la hierba, sensible como las fuentes...

Tú, mi voz, toda la voz del viento y mitad más.

És a minha única irmã de esquecimento e de abandono...tu, a voz que bradou pela minha liberdade; tenra como as ervas, sensível como as fontes...

Tu, minha voz, toda a voz do vento e mais metade.

18

El amor tiene todas las formas de sentir; sin moral pero con sus brazos abiertos. Cuando el amor es evidente, levanto tu imagen como único recuerdo, como borboteo de la melodía confiada al silencio o sobre el inacabable cuerpo de quererte.

No sé lo que se agita y muere en mí, pero sé que tan solo tu nombre me basta para que mi alma sea, una vez más, hermana de las hierbas en la maternidad del sueño.

O amor tem todas as formas de sentir; sem moral mas com os seus braços abertos. Quando o amor é óbvio, levanto a tua imagem como única memória, como gorgolejar da melodia entregue ao silêncio ou sobre o infindável corpo de te querer.

Não sei o que se agita e morre em mim mas sei que apenas o teu nome é o bastante para que a minha lama seja, uma vez mais, irmã das ervas na maternidade do sonho.

19

-¿Qué haces por aquí, añoranza mía, con tu dudosa sonrisa, tal como estabas en la madurez de la frente del alma, fruto de amor?

-¿Qué haces por aquí, consciencia mía, mi sueño de profundo diamante, con tu voz de fuego blanco, para que yo te oiga en el nacimiento de la luz, como una luna de hermosa inminencia?

-¿Qué haces por aquí, mi inspiración primera?

-¿Yo? ¡Vengo a traerte la añoranza mayor, de tu país!

-Que fazes por aqui, minha saudade, com o teu sorriso duvidoso, tal como estavas na madurez da frente da alma, fruto de amor?

-Que fazes por aqui, minha consciência, meu sonho de profundo diamante, com a tua voz de fogo branco, para que eu te oiça no parto da luz, como uma lua de formosa eminência?

-Que fazes por aqui, minha inspiração de matriz?

-Eu? Venho trazer-te a SOYDADE MAIOR, do teu país!

"DE LA CARNE, ESCUCHANDO LA NOCHE"

20

Ayer de mañana, cuando mis hombros de niño eran estrechos como el postigo de la puerta de la humilde casa de mis padres, la pobreza campesina me ofreció la inmensidad del mundo a mi alrededor. Después, mi entorno se convirtió en mar y ese mar en universo...

Hoy, no tengo ni puerta ni postigo; apenas mi amplio corazón por horizonte.

Ontem de manhã, quando os meus ombros de criança eram estreitos como o postigo da porta da humilde casa de meus pais, a pobreza de camponeses ofereceu-me a imensidão do mundo todo à volta. Depois, o meu redor tornou-se no mar e esse mar por sua vez em universo...

Hoje, não tenho nem porta nem postigo; tenho apenas o meu vasto coração por horizonte.

21

A través de un pequeño territorio en la penumbra, tu cuerpo es como un hilo luminoso de niebla para viajar hasta el océano donde solo son oriundos del aire los que golpean la moral.

Nuestros cuerpos, abultados y verticales de placer, son la más sublime verdad hasta que el néctar del amor nos ponga en nuestras bocas la salinidad perfumada de la sal.

Por um ínfimo território na penumbra, o teu corpo é como um fio de luz de neblina para viajar até ao oceano de onde apenas do ar são oriundos os que vergastam a moral.

Os nossos corpos, inchados e verticais de prazer, são a mais sublime verdade até que o suco do amor nos ponha nas nossas bocas a salinidade perfumada do sal.

22

Por la frontera insaciable del sueño, tu vientre bajo las caricias de mis dedos tiene tonalidades, reflejos de tersa superficie brillante.

Tu vientre, como el mar; temprano levanta el deseo, su vuelo y cuando nos miramos, ojos en los ojos, con la velocidad del instinto, vivimos a golpes cada vez más hondos; entonces el sueño, de pronto, desgarra los sonidos hasta que, bruscamente, en nosotros suceda la madrugada.

Pela insaciável fronteira do sonho, o teu ventre sob as carícias dos meus dedos tem tonalidades, reflexos de lisa superfície brilhante.

O teu ventre, como o mar; bem cedo levanta o desejo, o seu voo e quando e quando nos olhamos olhos nos olhos, com a velocidade do instinto, vivemos a golpes cada vez mais fundos; então o sonho, de repente, desgarra os sons até que, bruscamente, aconteça em nós a madrugada.

23

Oro vespertino, en la espesura de tu pecho. Quiero cantar el rumor de ese cuerpo con las melodías del eterno vaivén de la vida, sediento, esforzado y enloquecido.

He aquí, en nuestra cama, el paso veloz del tiempo hasta que dos timbres vibren en las gargantas y el nombre del placer sea escrito en el límite de nuestro respirar.

Ouro vespertino, nos pelos espessos do teu peito. Quero cantar o rumor desse corpo com as melodias do eterno vai-vem da vida, sedento, esforçado e enlouquecido.

Eis, em nossa cama, o passo veloz do tempo até que dois timbres oscilem nas gargantas e o nome do prazer seja escrito no limite do nosso respirar.

24

Me desnudo y mis cinco sentidos iluminan el mundo cuando me enreda, sin cesar, la pasión de los nardos, puesto que mis labios están más perfumados por la noche. Mi sangre, roja por la madrugada, tiene la nostalgia del mar o el sol del amanecer...

Me desnudo y mis cinco sentidos quieren escarbar la tierra y liberarme de las mordazas para que permanezca en mí la palabra, como si fuese... un cuerpo de mujer.

Desnudo-me e os meus cinco sentidos iluminam o mundo quando me enreda, sem cessar, a paixão dos nardos, pois que os meus lábios são mais perfumados durante a noite. O meu sangue, avermelhado pela madrugada, tem a nostalgia do mar ou o sol do amanhecer...

Desnudo-me e os meus cinco sentidos querem escavar a terra e libertar-me das mordaças para que permaneça em mim a palavra, como se fosse...um corpo de mulher.

25

Muy niño todavía, viéndome en el espejo y en las harpas extraviadas de mi canto, aprendí a desesperarme en mi tono, abriéndome en la luz del tedio. El silencio, cuando lo voy a acariciar, se convierte en un vacío como la sombra al sol de una garganta herida. Así como la carne, también el amor se muere.

Mi tierna edad, de espejo.

¿Espejo de la vida? El horror.

Bem criança ainda, vendo-me ao espelho e nas harpas extraviadas do meu canto, aprendi a desesperar-me no meu tom, desabrochando na luz do tédio. O silêncio, quando vou acariciá-lo, torna-se num vazio como a sombra ao sol de uma garganta ferida. Tal como a carne, o amor morre também.

Minha tenra idade, de espelho.

Espelho da vida? O horror.

26

A unos metros de aquí, se atrevió a hablar conmigo mi coraçón almidonado de versos, alquilado de lunas.

Miré alderedor y mi tristeza me amenazó pero yo, que solía andar por las calles, me detuve cuando un ángel pasó a una milla del río.

A unos metros de aquí, fue poniendo en juego con mis sueños, la desnudez de mi profundo olvido para que vuelva a colocar las cosas en su lugar, como sobre mi sangre, firmemente tierna, se acostumbra a la neblina y se remueven las cenizas.

A uns metros daqui, atreveu-se a falar comigo o meu coração aperaltado de versos, alugado de luas.

Olhei em volta e a minha tristeza ameaçou-me mas eu que costumava andar pelas ruas, parei quando um anjo passou distando uma milha do rio.

A uns metros daqui, foi pondo em jogo com os meus sonhos, a nudez do meu profundo esquecimento par que volte a colocar as coisas no seu lugar, como por cima do meu sangue, firmemente terno, se acostuma a neblina e se revolvem as cinzas.

27

Anoto la diáspora de los días, para andar por los caminos, por los ásperos bordes de la noche.

Mi amor por ti tiene algo que se detiene en nuestra piel; por la cama, al contrario, cruzados hacemos un sesenta y nueve... de cariño y de miel.

Anoto a diáspora dos dias, para andar pelos carreiros, pelas ásperas extremidades da noite. O meu amor por ti tem algo que se detém sobre a nossa pele; pela cama, ao contrário, cruzados fazemos em sessenta e nove... de carinho e de mel.

28

"Abriré los ojos como los peces abren su boca para respirar el océano".

Abriré mi cuerpo para que tengas en mí la más perfecta ternura...

Y todo lo demás, amor mío, todo lo demás no vale nada y si algo vale será, por cierto, locura.

"Abrirei os olhos como os peixes abrem a boca para respirar o oceano".

Abrirei o meu corpo para que tenhas em mim a mais perfeita ternura

E tudo o resto...meu amor, tudo o resto não vale nada e se algo vale será, por certo, loucura.

29

Me hace falta tu sonrisa después del éxtasis del placer, tu sonrisa de niño recibiendo un regalo por la mañana.

Me hacen falta tus besos, tus besos entrecortando las palabras como el canto de los pájaros ponen compases de espera en el silencio

Me hacen falta tus dedos diseñando las formas de mi alma y de mi piel alegremente.

Me haces falta en todo lo que soy, en mi cuerpo por entero, mi amor, mi vida, mi compañero...día tras día.

Faz-me falta o teu sorriso depois do êxtase do prazer, o teu sorriso de criança recebendo uma prenda pela manhã.

Fazem-me falta os teus beijos, os teus beijos entrecortando as palavras como o canto dos pássaros põe compassos de espera no silêncio.

Fazem-me falta os teus dedos desenhando as formas da minha alma e minha pele em alegria.

Fazes-me falta em tudo quanto sou, no meu corpo por inteiro, meu amor, minha vida, meu companheiro...dia após dia.

30

Tengo ganas de verte como un sediento las tiene de una simple gota de agua.

Mi vida, si estás lejos, es como un desierto de añoranza o un cielo encapotado de nubes por donde no atraviesa el sol.

Vivir sin ti es no estar vivo, sino deambular al sabor de las horas, en la más profunda irrealidad.

Tenho míngua de te ver como um sequioso tem de uma simples gota de água.

A minha vida, se estás longe, é como um deserto de saudade ou um céu encapelado de nuvens por onde não espreita o sol.

Viver sem ti é não estar vivo mas deambular ao sabor das horas, na mais profunda irrealidade.

II

KILIX

PARA A AMIGA ANA SANTOS

CELEBRANDO

A AMIZADE

24 a 26-12-18

RAQUEL

OU O CÂNTICO DA DUNA-MULHER

I

Aqui me tens! Sou a duna-mulher na languidez saciada de um verso alongado sob a brisa dos teus dedos;

Sou as formas inconstantes de milhares de sonhos feitos pelos grânulos das esperas. Percorre, com o vento suão do teu olhar, o requebro dos meus ombros, a curvatura das minhas ancas e desce ao oásis prometido que te espera.

Aqui me tens! O cântico longínquo das memórias de um mar escorrendo ao longo destas faces, quando os olhos são fontes e a salina fluidez tem ainda o perfume do adeus entre nós dois.

Percorre, com a Língua com que me descreves, o ventre fértil das palavras e quando a noite desfraldar, sobre os nossos corpos nus, o imenso lençol estrelado... Voltarei a ser, uma e outra vez, a mulher-duna e tu..o vai-vem do oceano; mesmo ao meu lado..

Ao Sul, meu amor, celebrando a madrugada.

¡Aquí me tienes! Soy la mujer duna en la languidez saciada de un verso alargado bajo la brisa de tus dedos;

Soy las formas inconstantes de miles de sueños hechos por los gránulos de las esperas. Recorre, con el viento del sur de tu mirada, el requiebro de mis hombros, la curvatura de mis caderas y desciende hasta al oasis prometido que te espera.

¡Aquí me tienes! El cántico lejano de las memorias de un mar escurriendo a lo largo de mi rostro, cuando los ojos son fuentes y la salina fluidez tiene todavía el perfume del adiós entre los dos.

Recorre, con la Lengua con que me describes, el vientre fértil de las palabras y cuando la noche despliegue, sobre nuestros cuerpos desnudos, la inmensa sábana estrellada ... Volveré a ser, una y otra vez, la mujer duna y tú ... el vaivén del océano; incluso a mi lado.

Al sur, mi amor, celebrando la madrugada.

II

Restam-nos, por agora, pequenos lagos nos espelhos côncavos da areia onde os mortiços raios de sol - no seu equinócio de Inverno - se retratam como Narcisos inseguros.

Depois...o mar, na sua avareza de regresso, sorve de volta o seu corpo aquoso e a singela memória de si, por entre os dedos abertos dos grãos escurecidos.

A areia empalidece e uma humilde pena de gaivota ganha o fulgor e o brilho do antigo voo, como se o azul jamais tivesse tomado, de assalto, o areal.

Restam-nos os açudes, os tanques e os dilúvios dos nossos desencontros...quando nos olhávamos nas fossas abissais dos olhos e não sabíamos cada vez mais distantes um do outro...

E tudo a carícia do mar vem tornar liso e suave, como se fosse um retalho de cetim.

Aqui me tens!

Como poderia eu esquecer-te se quando não te recordo já não sei de mim??

Nos quedan, por ahora, pequeños lagos en los espejos cóncavos de la arena donde los mortecinos rayos de sol -en su equinoccio de invierno- se retratan como Narcisos inseguros.

Después ... el mar, en su avaricia de regreso, sorbe de vuelta su cuerpo acuoso y la sencilla memoria de sí, por entre los dedos abiertos de los granos oscuros.

La arena palidece y una humilde pena de gaviota gana el fulgor y el brillo del antiguo vuelo, como si el azul jamás hubiera tomado, al asalto, el arenal.

Nos quedan las represas, los estanques y los diluvios de nuestros desencuentros ... cuando nos mirábamos en las fosas abisales de los ojos y nos sabíamos cada vez más distantes el uno del otro ...

Y toda la caricia del mar se torna lisa y suave, como si fuera un retazo de satén.

¡Aquí me tienes!

¿Cómo podría yo olvidarte si cuando no te recuerdo ya no sé de mí?

III

É o amor que nos ergue acima de quem somos. São as suas mãos que nos modelam as formas e nos indicam o rumo ao infinito.

O amor?

tudo no constrói e tudo nos desfaz, mas permanece em nós como uma voz, como uma risada, como insulto ou como uma prece ou, quem sabe, o desencanto mais bendito.

Es el amor que nos eleva por encima de quien somos. Son sus manos que nos modelan las formas y nos indican el rumbo al infinito.

¿El amor?

todo lo construye y todo lo deshace, pero permanece en nosotros como una voz, como una risa, como un insulto, como una oración o, quién sabe, el desencanto más bendito.

IV

Faz a incursão por este corpo de baía. Aguardo-te no berço de um plácido regaço, o reduto por onde possas mitigar as agruras de existir.

Sou a mornura suave da Luz à beira mar, sou estes requebros do deserto; por Gadir.

Haz la incursión por este cuerpo de bahía. Te espero en la cuna de un plácido regazo, el reducto por donde puedas mitigar las asperezas de existir.

Soy la tibieza suave de la Luz a la orilla del mar, soy estos requiebros de desierto; por Gadir.

V

Por vezes, sou uma tempestade diluída. Entro pelas casas, soterro os móveis tomando o espaço que, por algum tempo, me pertence.

Sou a mulher-duna, na tempestade de areia, cegando-vos a visão, vedando-vos todas as certezas grão a grão.

Esculpo-vos e desculpo-vos o silêncio, a imperiosa e imperatriz timidez de todas as auroras.

A veces, soy una tempestad que se diluye. Entro por las casas, soterro los muebles tomando el espacio que, por algún tiempo, me pertenece.

Soy la mujer duna, en la tempestad de arena, cegando la visión, vedándote todas las certezas grano a grano.

Os esculpo y os perdono el silencio, la imperiosa y emperatriz timidez de todas las auroras.

VI

Não tenhas medo. Desperta-me pela noite, a meio do sono. Percorre com os teus dedos inseguros as planuras do meu corpo e reacende em mim, com o calor da tua pele junto à minha, a fogueira da paixão trazendo a lonjura para bem perto.

Faz de mim um sanguíneo pôr de sol, no êxtase do eterno movimento, sangrando o meu deserto.

No tengas miedo. Despiértame por la noche, en mitad del sueño. Recorre con tus dedos inseguros las mesetas de mi cuerpo y reaviva en mí, con el calor de tu piel junto a la mía, la hoguera de la pasión trayendo muy cerca la lejanía.

Haz de mí un arrebol, igual que el sol en el ocaso, en el éxtasis del eterno movimiento, sangrando mi desierto.

VII

Regressarei ao mar, de onde vim, para devolver os cristais de rochas trituradas. Regressarei ao útero suavemente oscilante, lugar de todos os naufrágios.

Atada aos despojos dos navios, ondeia a minha cabeleira feita de algas...

Regressarei ao pranto destes olhos para te oferecer as pérolas de um cântico com que o meu olhar acaricias e depois salgas.

Regresaré al mar, de donde vine, para devolver los cristales de rocas trituradas. Regresaré al útero suavemente oscilante, lugar de todos los naufragios.

Atada a los despojos de los barcos, ondea mi cabellera hecha de algas ...

Regresaré al llanto de estos ojos para regalarte las perlas de un cántico con el cual mi mirada acaricias y después salas.

VIII

Deixa-me que seja, por ti, a luz invisível recortando uma nuvem prenhe de chuva. Deixa-me ser o corpo bastante, como quem pronuncia as palavras e apenas o movimento tinge de carmim o beijo anunciado.

Deixa-me que, por ti, a vida graciosa dos frutos amadurecendo por inteiro.

Assim fui, entre os teus braços como algemas, meu primeiro e único amor, meu unigénito devaneio, como se ainda estivesses (mas estás...) em todos os meus poemas.

Déjame que sea, por ti, la luz invisible recortando una nube preñada de lluvia. Déjame ser el cuerpo suficiente, como quien pronuncia las palabras y solo el movimiento tiñe de carmín el beso anunciado.

Déjame que sea, por ti, la vida graciosa de los frutos madurando por entero.

Así fue, entre tus brazos como cadenas, mi primero y único amor, mi unigénito devaneo, como si aún estuvieras (y estás ...) en todos mis poemas.

IX

Sou a mulher-duna essa cujo sangue ainda rumoreja os cantos de sereia. Sou a cordilheira das veias por onde as súplicas de amor são as distantes memórias, numa carícia extrema.

Acredita, até a mais acutilante e granítica rocha se desfaz tal como o tempo dos suspiros quando te adorava...

Tudo se desfaz, tudo se transforma em pó. Apenas a marca de ferro em brasa permanece no meu peito.

E aqui estou eu, de rastos, a teus pés; a desgrenhada amante e escrava.

Soy la mujer-duna aquella cuya sangre todavía rumorea los cánticos de sirena. Soy la cordillera de las venas por donde las súplicas de amor son las distantes memorias, en una caricia extrema.

Te lo digo, hasta la más acuciante y granítica roca se deshace igual que el tiempo de los suspiros cuando te adoraba ...

Todo se deshace, todo se transforma en polvo. Sólo la marca del hierro ardiente permanece en mi pecho.

Y aquí estoy yo, arrastrado, a tus pies; la desgrenada amante y esclava.

X

Vem até mim, caminha sobre as pedras frias da maré baixa, quando os seixos ainda reflectem o sol.

Sou um língua de areia lambida pelo mar e traz-me essa música incerta dos teus passos.

Tens nos tornozelos grinaldas de espuma que, em breve, nada mais será...

Vem até mim, pelo areal, que a aragem o rasto dos teus pés apagará.

Ven a mí, camina sobre las piedras frías de la marea baja, cuando los guijarros todavía reflejan el sol.

Soy una lengua de arena lamida por el mar y tráeme esa música incierta de tus pasos.

Tendrás en los tobillos guirnaldas de espuma que, pronto, nada más será ...

Ven a mí, por el arenal, que la brisa el rastro de tus pies apagará.

O NADA COMO METÁFORA

27 a 29-12-18

Para
PEDRO GASCÓN

I

Um dia, trarei para a minha Língua a tua alma; esse lugar de exílio onde o Nada, num reflexo, se reflecte. Metáfora de um campo desnudado, como se fosse um vulto de sal e de carne lembrando o romper de alva que nos chega, sem surpresa...

Nada mais será alheio ao magma das palavras, magma criador das tragédias mas construtor das ilhas no porvir.

Um dia, trarei para a minha Língua a tua alma.

Até então...aceita o eco da minha voz, a timidez da minha infantil forma de sorrir.

Un día, traeré a mi lengua tu alma; ese lugar de exilio donde la Nada, en un reflejo, se refleje. Metáfora de un campo desnudo, como si fuera un bulto de sal y de carne recordando el romper de alba que nos llega, sin sorpresa ...

Nada más será ajeno al magma de las palabras, magma creador de las tragedias pero constructor de las islas en el porvenir.

Un día, traeré a mi lengua tu alma.

Hasta entonces ... acepta el eco de mi voz, la timidez de mi infantil forma de sonreír.

II

Também a poesia nos chega pela borda dos caminhos. Somos a argila da essência com que nos moldamos, ou não, e endurecemos sob as mãos da brisa mais gentil ou do mais tórrido abraço do sol, em pleno Agosto.

Também a poesia nos chega ladeando a sepultura já rasgada, nesse acto do regresso à terra; o voo que faz de nós o momento divino...entre o Tudo e o Nada.

También la poesía nos llega por el borde de los caminos. Somos la arcilla de la esencia con que nos moldeamos, o no, y endurecimos bajo las manos de la brisa más gentil o del más tórrido abrazo del sol, en pleno agosto.

También la poesía nos llega ladeando la sepultura ya rasgada, en ese acto del regreso a la tierra; el vuelo que hace de nosotros el momento divino ... entre el Todo y la Nada.

III

DA POESIA

Por sermos poetas, nascemos noutro corpo, na ingrávida voz contemplativa quando passamos pelos caminhos, corados de raios de luz recortados pelas folhas como ourives silenciosos.

Perseguimos as formas, para crescermos em lugares rochosos ou barrentos pois somos da estirpe da mais singela flor.

Trazemos, no sangue, um mar de silhuetas e ressuscitamos em cada verso que morre sobre a folha, e renascemos, como Fénix, da mais dramática e hilariante expressão de existir que tem todo e qualquer mimetismo do Amor.

DE LA POESÍA

Por ser poetas, nacemos en otro cuerpo, en la ingrávida voz contemplativa cuando pasamos por los caminos, coloreados de rayos de luz recortados por las hojas como orfebres silenciosos.

Perseguimos las formas, para crecer en lugares rocosos o embarrados, pues somos de la estirpe de la más sencilla flor.

Traemos, en la sangre, un mar de siluetas y resucitamos en cada verso que muere sobre la hoja, y renacemos, como Fénix, de la más dramática e hilarante expresión de existir que tiene todo y cualquier mimetismo del Amor.

IV

AGNÓSTICA ORAÇÃO

Mare Nostrum,

ensina-me a caminhar por dentro de mim para que os eclipses dos instantes me descrevam o escuro como a mais perfeita e frágil solidez, negando a hipocrisia e o desdém.

Ensina-me a que não tema a ruína nem a busca do mistério ainda adormecido na placidez das coisas e das marés.

Exultarei os símbolos, as metáforas e os dilemas suspensos nas cruzes de imaturas certezas.

Mare Nostrum,

movimento contínuo...lançar-me-ei ao mundo como a espuma se desfez nas proas das caravelas.

Estou a teus pés, nos prantos derretidos como velas...

Agora e sempre.

AMÉM!

AGNÓSTICA ORACIÓN

Mare Nostrum,

enséñame a caminar por dentro de mí para que los eclipses de los instantes me describan la oscuridad como la más perfecta y frágil solidez, negando la hipocresía y el desdén.

Enséñame a no temer la ruina ni la búsqueda del misterio aún adormecido en la placidez de las cosas y de las mareas.

Exultaré los símbolos, las metáforas y los dilemas suspendidos en las cruces de inmaduras certezas.

Mare Nostrum,

movimiento continuo ... me lanzaré al mundo como la espuma se deshizo en las proas de las carabelas.

Estoy a tus pies, en los llantos derretidos como velas ...

Ahora y siempre.

AMEN!

V

Construo-me, por dentro e por fora das horas. Sou pagão como as árvores ou as palavras que me visitam durante o sono. O céu jamais será pertença das cidades mas apenas do elegante oscilar dos pássaros...quando o final da tarde derrama o xaile de negrura sobre o mundo.

Me construyo, por dentro y por fuera de las horas. Soy pagano como los árboles o las palabras que me visitan durante el sueño. El cielo jamás pertenecerá a las ciudades sino sólo la elegante oscilación de los pájaros ... cuando el final de la tarde derrama el chal de negrura sobre el mundo.

VI

HAIKU

Todo aquele que sonha é um propenso para a "queda".

Viver é um acto de gravidade.

Todo aquel que sueña es propenso a la "caída".

Vivir es un acto de gravedad.

VII

Nesta hora em que o sangue é um ligeiro sopro de ar...

Habitarei a casa e o silêncio...

Para regressar à flor do dia, como coagulado poema.

En esta hora en que la sangre es un ligero soplo de aire ...

Habitaré la casa y el silencio ...

Para regresar a la flor del día, como coagulado poema.

VIII

SPECULUM

Desenho, sobre a areia, todos os pontos cardeais retirando o lençol de silêncio que cobria o acervo das coisas e dos móveis nevados de ausência, de mortes e de memórias.

Regresso à planura da beira mar como quem regressa à casa, desabitada, onde nasceu. Sou o espelho amarelecido pelo fluir dos dias...

Quem é que me contempla pela amálgama de remendos...

Se não sou eu?

SPECULUM

Dibujo, sobre la arena, todos los puntos cardinales retirando la sábana de silencio que cubría el acervo de las cosas y de los muebles nevados de ausencia, de muertes y de recuerdos.

Regreso a la meseta de la orilla del mar como quien regresa a la casa, deshabitada, donde nació. Soy el espejo palidecido por el fluir de los días...

¿Quién me contempla por la amalgama de remiendos ...

Si no soy yo?

X

Trago-te a linguagem, a que o vento conhece, vinda desse recanto onde o passado é uma água profunda.

o acto de escrever é sempre um lago solarento que se contenta em falar com uma árvore frondosa ou com grácil oscilar do estilete como folha de tabúa.

trago-te, a linguagem, a que o vento conhece...para que jamais te esqueças dos teus passos como única eternidade sem limites.

Te traigo el lenguaje, que el viento conoce, viniendo de ese rincón donde el pasado es un agua profunda.

El acto de escribir es, siempre, un lago soleado que se contenta con hablar con un árbol frondoso o el grácil oscilar de un estilete como la hoja de anea.

Te traigo el lenguaje que conoce el viento ... para que nunca te olvides de tus pasos como única eternidad, sin límites.

XI

MNS

1988-2019

Eu nunca estive em Paris mas, depois de anos de trabalho e sacrifício, ergui uma CIDADE-LUZ (feita de versos).

Amei quem a minha entrega não merecia. Regresso, ao final da tarde, a este mirante de atalaia e acendo as lamparinas das palavras para que possa vislumbrar a costa algarvia, ao fundo...

Como se fosse a noite pleno dia.

MNS

1988-2019

Yo nunca estuve en París pero, después de años de trabajo y sacrificio, levanté una CIUDAD-LUZ (hecha de versos).

Amé a quien mi entrega no merecía. Regreso, al final de la tarde, a este mirador en la atalaya y enciendo las lamparitas de las palabras para que pueda vislumbrar la costa del Algarve, al fondo ...

Como si fuera la noche a pleno día.